Saartje

speelt met auto's

Esther Vliegenthart

Colofon

Geschreven door:
Esther Vliegenthart

Illustraties van:
Esther Vliegenthart

Uitgegeven door:
Graviant educatieve uitgaven, Doetinchem

© april 2016

Dit werk is auteursrechtelijk beschermd.
Copyright en overige rechten blijven voorbehouden aan:
Graviant educatieve uitgaven, Doetinchem,
telefoon 0314-345400. Niets uit deze uitgave mag worden
verveelvoudigd en/of openbaar gemaakt door middel van druk,
fotokopie, microfilm of op welke wijze dan ook, zonder voorafgaande
schriftelijke toestemming van de uitgever.

ISBN 978-9491337758

Hoewel dit boek met zorg is samengesteld, aanvaarden de auteur
noch de uitgever enige aansprakelijkheid voor het feit
dat het gebruik van hetgeen geboden niet aan de behoeften
of de verwachtingen van de eindverbruiker voldoet, noch
voor eventuele fouten of onvolkomenheden.

Woord vooraf

Ik ben de trotse moeder van drie kinderen: twee lieve dochters en een prachtige zoon. Mijn zoon heeft autisme en ziet de wereld anders dan ik. Hij ervaart geluid, beeld en tast heel anders dan dat ik dat doe. Dat was vooral goed te merken in zijn heel jonge jaren. Hij wilde soms wel voorgelezen worden, maar keek liever niet naar de felgekleurde plaatjes of de figuurtjes in de boeken die overal weer oogcontact maakten met de lezer. Ook konden sommige verhaaltjes hem van streek maken en hem meer chaos in zijn hoofd geven dan hij al had. Dat hadden we toen niet direct door, maar nu hij 7 is en we heel veel met en over hem leren, weten we dat de meeste boekjes voor kleuters voor hem niet geschikt waren. Ik, als boeken- en taalliefhebber, vind dat heel jammer. Ik zou graag zien dat alle kinderen kunnen genieten van verhalen en plaatjes, van lezen en voorgelezen worden. Zo kwam ik op het idee om zelf zulke boekjes te maken en ontstonden de boekjes over Saartje.

Midden in een heel groot bos
Net voorbij de paddenstoel
Staat een heel lief eekhoornhuisje
Je ziet vast al welke ik bedoel

Daar woont Saartje met haar ouders
En met haar knuffel muis
Vandaag is papa werken
En blijft Saartje met haar mama thuis

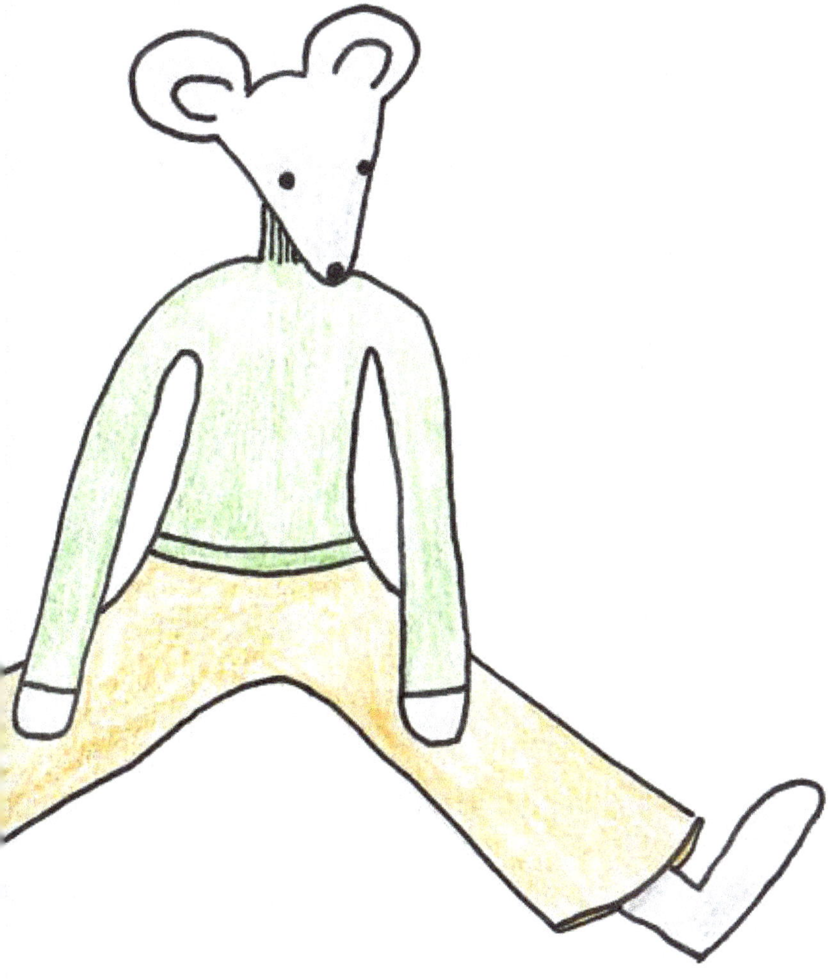

Op tafel staat een bak met kaartjes
Waarop al haar speelgoed staat
Met gesloten ogen mag ze kiezen
Waarmee ze vandaag spelen gaat

Als Saartje dan haar ogen opent
Ziet ze het kaartje in haar hand
Wat leuk, ik mag met auto's spelen!
Mama brengt de automand

Alleen maar met de auto's rijden
Dat vindt Saartje wel wat saai
En auto's met sirenes wil ze niet
Die maken zo'n lawaai!

Saartje maakt graag lange files
De auto's staan dan keurig in een rij
Dat werkje kan soms heel lang duren
Want er kan er altijd nog een bij

Waarom staan ze in de file?
Is er soms iets aan de hand?
Nee, ze wachten op de veerboot
Die brengt ze naar de overkant

Maar als de mand dan leeg is
Bedenkt Saartje nog een spel:
Auto's op hun kleur sorteren
Want de kleuren kent ze wel

Kijk maar: hier staan alle rode
En daar de auto's met veel groen
In die rij de blauwe, daar de gele
Oh wat is dit leuk om te doen

Als alle auto's bij hun kleur staan
Heeft Saartje nog een goed idee
Ze gaat al haar auto's tellen
Tel je met haar mee?

Aan het einde van de middag
Als de klok op 6 uur staat
Is het tijd om op te ruimen
Omdat ze dan aan tafel gaat

Wanneer het eten op is
Gaat Saartje snel in bad
Als ze dan haar pyjama aan heeft
Zegt ze: "Ik heb een leuke dag gehad"

Nu gaat Saartje lekker slapen
Dromen van de fijne dag
Ze droomt dan van haar auto's
En van wat ze morgen spelen mag.

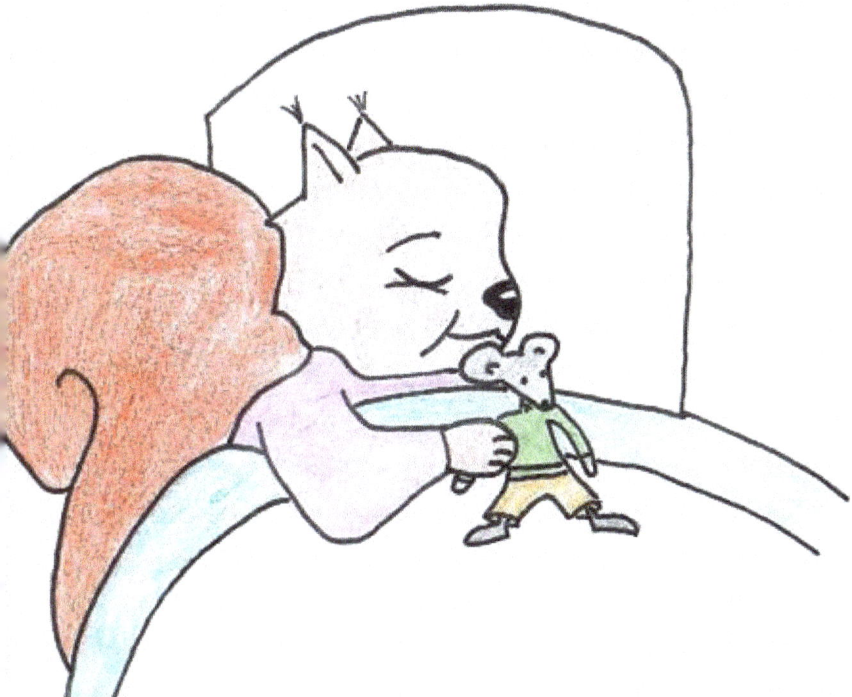

Over dit boek

De boekjes over Saartje houden rekening met de taal- en prikkelverwerking van kinderen met (een vorm van) autisme, ADHD of TOS. De tekst is op rijm, wat de taalontwikkeling van kinderen stimuleert en het verhaaltje kort en duidelijk. Het zijn boekjes met plaatjes in aangepaste kleuren, met ogen die de kinderen niet direct aankijken en geschreven vanuit hun wereld.

"Saartje speelt met auto's" is het tweede boekje over Saartje. Veel ouders en docenten zullen het spelgedrag van Saartje herkennen. Veel kinderen met (een vorm van) autisme houden van structuur en ordening.
Ze kunnen vaak uren bezig zijn met het maken (en verplaatsen) van files, sorteren of tellen. Net als Saartje! Mijn zoon vond het in elk geval prachtig om te zien dat Saartje net zo speelt als hij!

Ik wens alle ouders en kinderen met en zonder autisme veel plezier bij het lezen van de verhalen over Saartje.